Publication de la Réunion des Officiers

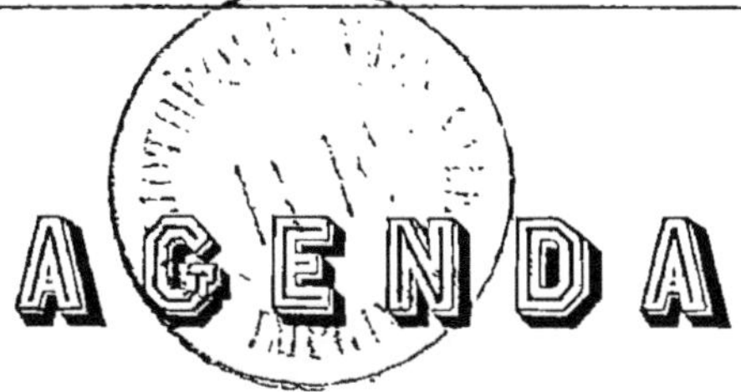

AGENDA

DES

OFFICIERS

DE

DISTRIBUTION

PAR

M. ESTRABAUT

Capitaine au 8e de ligne

AVERTISSEMENT

On trouvera, à la fin de cet Agenda, des tableaux destinés à présenter les principaux extraits des différents cahiers des charges, afin que lesdits extraits puissent être facilement modifiés ou renouvelés chaque fois que besoin sera.

OFFICIERS CHARGÉS DES DISTRIBUTIONS

En station ou en campagne, c'est toujours le Capitaine de semaine qui est chargé des distributions sous les ordres et la direction du Major; il lui en rend compte; en l'absence du Major, il en rend compte au Lieutenant-Colonel.

Le Capitaine de semaine reçoit du trésorier le détail de ce qui revient à chaque compagnie, et les bons pour chaque espèce de distributions.

Si les diverses distributions ont lieu successivement, il y préside lui-même, secondé par des officiers commandés à cet effet; dans le cas contraire, il se réserve celle du pain et charge les officiers commandés, à qui il remet les bons, de présider aux autres.

Le Capitaine de semaine conduit la corvée du pain.

JOURS ET HEURES DES DISTRIBUTIONS

En station, les denrées sont distribuées, savoir :
1° Le pain tous les deux jours. — 2° La viande fraîche tous les jours. — 3° Le biscuit, les vivres de campagne et les liquides tous les quatre jours.

La dernière distribution de chaque mois est ordinairement réduite au nombre de jours qui complètent le mois. Cependant il arrive quelquefois qu'une même distribution comprend le dernier jour du mois qui expire et le premier jour du suivant; dans ce cas, il est établi un bon pour chacun de ces deux jours, les bons ne devant jamais comprendre des journées de mois différents.

Dans l'intérieur, les jours et heures des distributions sont réglés par le Commandant de place, de concert avec le Sous-Intendant chargé du service. Chaque corps, autant que possible, est à son tour servi le premier, etc.

En campagne, toutes ces fixations sont faites par le Commandant du camp.

LIEUX DES DISTRIBUTIONS

La livraison et le pesage des denrées ont lieu pour les troupes stationnées, cantonnées, campées, baraquées ou bivouaquées dans un rayon de 2 kilomètres, à la Manutention militaire ou chez les entrepreneurs attitrés.

Lorsque la distance des quartiers aux lieux de distribution est de plus de 2 kilomètres, on transporte les denrées en voiture après qu'elles ont été vérifiées par l'officier de distribution. A Paris et à Lyon, elles sont toujours transportées dans des voitures, excepté pour les casernes contiguës aux manutentions.

Lorsque les corps sont pourvus de leurs équipages régimentaires de campagne, ils doivent effectuer tous les transports, quelles que soient les distances.

MODE DES DISTRIBUTIONS

Les distributions se font par compagnie, successivement et sans désemparer pour chaque corps. On ne commence jamais deux fois de suite par la même compagnie.

Le Capitaine entre seul dans le magasin, les fourriers et leurs hommes restent en dehors et sont appelés à tour de rôle pour recevoir les rations dues à leur compagnie.

Le Capitaine examine les denrées (voir ic-après), et, en ce qui concerne le pain, il vérifie en outre si le poids réglementaire s'y trouve.

VÉRIFICATION DU POIDS DU PAIN

La ration de pain, 16 heures après la sortie du four, doit peser 750 grammes : le pain doit peser 1 k. 500.

Toutefois la vérification du poids du pain ne se fait pas sur un pain, mais sur 25 pris au hasard et mis ensemble dans la balance. Cette vérification peut porter sur la totalité de la fourniture.

Les excédants de poids profitent aux troupes.

Les différences en moins sont tolérées dans la proportion du trentième, à la charge par le comptable ou par l'entrepreneur de compléter le poids en ajoutant le nombre de pains nécessaire.

Cependant tout pain pesant moins de 1450 grammes n'est pas admis en livraison.

Le pain se délivre par dix rations ou cinq pains.

MODE DES DISTRIBUTIONS (Suite)

Viande. La viande se délivre au poids et se pèse par masses de vingt-cinq kilogrammes.

Riz, Sel, etc. Les autres denrées solides sont également délivrées au poids.

Liquides. Les liquides se distribuent à la mesure, sauf les appoints.

Bois. Houille. Le bois et la houille sont distribués partout au poids.

Fagots. Les fagots sont distribués au nombre, mais après vérification facultative du poids.

Tous les pesages se font sur des balances à plateaux. L'emploi des romaines est interdit.

Une fois sorties du magasin, les denrées ne peuvent plus être, quant à la qualité, l'objet d'aucune réclamation de la part des parties prenantes.

Une distribution commencée ne doit pas être interrompue pour un autre corps, fût-il le premier en droit.

CAS DE DÉPART INOPINÉ

Lorsqu'un corps ou un détachement quitte inopinément une garnison avant d'avoir pu consommer son combustible, les denrées non consommées sont remportées en magasin et déduites du dernier bon de distribution.

Si le départ est tellement précipité que la troupe n'ait pas le temps de reporter le combustible au magasin de l'entrepreneur, celui-ci est tenu de le faire reprendre dans les casernes.

En ce qui concerne le pain, lorsqu'un corps ou un détachement quitte une garnison avant d'avoir pu consommer toutes les rations provenant de la dernière distribution, il doit emporter celles qui lui restent, et il n'y a dès lors pas lieu de lui délivrer un mandat à la date des jours pour lesquels la troupe se trouve pourvue.

QUALITÉ DES DENRÉES

PAIN

Caractère d'un bon pain. Pain de farine tendre. — Blancheur franche et uniforme. — Cuisson complète. —

Mie bien ouverte, sèche, légère, élastique, ne s'égrenant pas. — Croûte supérieure adhérente à la mie, lisse, fine, couleur tirant sur le jaune foncé, sans soufflures, ni éclatements, ni déchirures, ni crevasses. — Croûte inférieure légèrement brune, bien formée, mais n'ayant pas plus de 4 millimètres d'épaisseur.

Baisures petites, bien formées et au nombre de 4.

Odeur douce, saveur agréable, aspect appétissant.

On juge bien de l'odeur du pain quand il est coupé chaud.

Le pain de farine de blé dur ne possède pas tout à fait au même degré certains des caractères qui viennent d'être définis. Sa mie conserve un peu d'humidité, présente des trous ou yeux sensiblement plus petits; il trempe moins bien dans la soupe.

Le pain doit être distribué rassis de 16 à 24 heures.

PAIN DE SOUPE

Le pain que les corps sont autorisés à prendre à titre remboursable, pour les ordinaires, dans les manutentions ou chez les entrepreneurs militaires, doit toujours être du pain de farine tendre, avoir toutes les qualités énoncées pour celui-ci, et de plus être plus cuit.

PAIN BISCUITÉ

Le pain biscuité n'est mis en usage qu'en campagne et très-rarement.

BISCUIT

Le biscuit doit être fait avec de la farine de blés en parfait état.

On ne fait usage ni de levain ni de sel dans la fabrication du biscuit.

On reconnaît que le biscuit est de bonne qualité aux caractères suivants :

Lisse à l'extérieur, d'une belle nuance fauve pâle, exempt de boursouflures, sonore et d'une siccité parfaite; d'un blanc doré à l'intérieur; sa cassure nette et sans déchirure présente des facettes vitreuses à grains errés et brillants ; ne s'émiette pas ; gonfle dans l'eau ; son odeur est agréable ; sa saveur légèrement sucrée.

VIANDE FRAICHE

Les caractères distinctifs des bonnes et mauvaises viandes sont les suivants :

Bonne viande. — Elle a une couleur d'un rouge vif peu foncé, elle exhale une odeur particulière et un peu fade, elle est fine et légèrement marbrée de graisse blanche ; raîchement coupée, elle laisse traverser une humeur sanguinolente, la fibre musculaire en est ferme et se coupe net. La graisse plus ou moins abondante et la moelle sont fermes et d'un blanc jaunâtre.

La viande de vache diffère peu de celle du bœuf ; elle est d'un rouge plus pâle, la graisse est plutôt blanche que jaune ; les os sont moins pesants, les côtes plus minces et plus larges.

La chair de mouton est d'un rouge brun ; elle est ferme, l'abondance de la graisse est un des plus sûrs indices de sa bonne qualité.

Viande de mauvaise qualité. — La viande de mauvaise qualité est d'un rouge pâle, livide ou noirâtre, la chair est flasque, maigre et visqueuse ; sous la pression du doigt elle adhère à l'épiderme ; la graisse et la moelle sont sans consistance.

Si l'animal était trop jeune, elle est d'un rose pâle, molle et spongieuse.

Lorsqu'elle a éprouvé un commencement de décomposition, elle présente de petites taches marbrées de diverses nuances, et son odeur est fétide et nauséabonde.

Autant que possible, la viande de taureau ne doit pas être distribuée.

Quand on ne peut donner du bœuf exclusivement, es distributions sont combinées de façon qu'il entre dans chacune 3/4 de bœuf et 1/4 de mouton ; ou 1/2 bœuf et 1/2 vache, ou enfin 3/8 de bœuf, 3/8 devache et 2/8 de mouton.

On ne doit distribuer la viande que 12 heures après l'abattage des animaux.

S'il n'y avait que de la viande encore chaude à mettre en distribution, il devrait être accordé en compensation, et autant que les ressources le permettraient, une augmentation de poids.

VIANDES SALÉES

La viande salée se compose de bon bœuf ou de porc non ladre.

L'épaisseur du lard sur le dos doit être au moins de 3 centimètres et de 7 centimètres au plus.

La chair doit être vermeille et être baignée dans une forte saumure.

RIZ

Il doit être net, dégagé de toute matière hétérogène et de poussière. Le grain doit être entier et bien nourri.

SEL

Il doit être de bonne qualité, net et purgé des matières hétérogènes. (La fourniture doit être faite en sel gemme ou en sel marin.)

SUCRE

Il doit être raffiné et sans aucune trace d'avarie.

La fourniture doit être faite en pains; toutefois on admet les débris jusqu'à 1/10 du poids total. Les morceaux qui ne pèsent pas 25 grammes sont rejetés.

CAFÉ

Il doit être de première qualité, exempt de mauvaise odeur, de mauvais goût, d'avarie ou d'altération quelconque.

Tous les grains doivent être également torréfiés et avoir une couleur marron clair.

VIN

Il ne doit avoir reçu aucune mixtion ni préparation; il doit être, en un mot, naturel, droit en goût, soutiré au clair, fin et parfaitement limpide.

EAU-DE-VIE

Elle doit provenir du raisin ou du marc de raisin, mais jamais des grains ou de la pomme de terre; elle doit être transparente, droite en goût et marquer 47° à l'alcoomètre de Gay-Lussac, à la température de 15° centigrades. (Quand on en frotte quelques gouttes entre ses mains, l'évaporation s'opère promptement et laisse un parfum aromatique.)

BOIS

Sont exclus des distributions les racines, souches, les morceaux envahis par la mousse, les bûches n'ayant pas la longueur résultant des usages locaux, les débris de menuiserie, de charpenterie et d'équarrissage.

Les bûches en rondins ou fendues ne doivent pas avoir moins de 20 centimètres de tour, ni plus de 50 centimètres mesurées au milieu.

Quant à l'essence même du bois, elle varie suivant les divisions territoriales; les Capitaines de distribution feront donc bien de consulter, quand ils iront aux distributions, le cahier des charges, dont chaque préposé est tenu d'avoir et de montrer, quand on le lui demande, un exemplaire. Le chêne doit toutefois dominer partout et toujours dans les distributions.

Lorsque les distributions se font un jour de pluie, les couches supérieures des piles de bois et des tas de charbons qui sont imprégnées d'eau doivent être exclues des livraisons; il en est de même des couches inférieures si le terrain sur lequel repose le combustible n'est pas suffisamment sec.

HOUILLE ou CHARBON

En principe, il ne doit pas être admis de poussier. Les fournitures sont faites en gros charbon et en menus débris dans les proportions prescrites par le cahier des charges, et sans que l'entrepreneur puisse distraire de ces approvisionnements et des livraisons les gros morceaux provenant de l'extraction naturelle de la houille.

Le gros charbon sera celui dont les plus petits mor-

*

ceaux ne passeront pas dans une claie à barreaux espacés de 27 millimètres.

Les menus débris se composeront de la houille brisée en petits morceaux qui, ayant pu sortir de cette claie, ne passeront pas à travers une seconde claie dont les barreaux auront un centimètre d'intervalle.

Ces deux claies, que l'entrepreneur est tenu de placer dans chacun des magasins du service où l'on distribue de la houille, ont leurs barreaux en fer; ceux-ci doivent être parallèles entre eux et perpendiculaires à la base du châssis; les claies sont fixées sur des montants en bois ou en fer, de manière à présenter un angle d'inclinaison de 45°.

FAGOTS D'ALLUMAGE

Le fagot d'allumage, dont la fourniture est inhérente à celle du charbon de terre, doit être, selon les usages locaux, soit en sarment, soit en menu bois, mais toujours très-sec (en Algérie on admet le fagot de broussailles).

Le poids de chaque fagot ne devra pas être de moins de 500 grammes (il doit être d'un kilog. dans le département des Hautes-Alpes et dans la place de Grenoble).

OBSERVATION GÉNÉRALE
RELATIVE AU CHAUFFAGE DES TROUPES

Si, par suite de circonstances extraordinaires, notamment dans les cantonnements occupés inopinément, l'entrepreneur ne peut se procurer du combustible qui remplisse toutes les conditions stipulées ci-dessus, l'Intendant militaire ou, en cas d'urgence, son suppléant légal, arbitre une bonification en faveur de la partie prenante.

Le supplément accordé reste à la charge de l'entrepreneur.

REGISTRE DE DISTRIBUTIONS

Dans chaque place de garnison, l'Officier d'administration comptable ou l'entrepreneur tient un registre coté et paraphé par le Sous-Intendant chargé de la surveillance du service, visé par ce fonctionnaire toutes les fois qu'il procède à la visite des magasins, et servant à faire constater la qualité des denrées par les Officiers chargés de faire opérer les distributions.

Partout et toujours, les Officiers de distribution doivent, après qu'ils ont vérifié les denrées, et avant que la distribution commence, inscrire, au registre précité, leur avis sur la qualité.

Ils indiquent sommairement si les denrées sont bonnes ou susceptibles de quelque observation critique; *mais si, en libellant leur opinion, ils déclarent qu'elles sont mauvaises, ou même médiocres, ils ne doivent pas les recevoir et on ne doit pas les leur délivrer.* (Art. 247 du Règl. du 26 mai 1865.

CAS DE DIFFICULTÉS

Lorsque le Capitaine de distribution croit devoir refuser les denrées, pour quelque cause que ce soit, il arrête la distribution et fait prévenir le Major, qui se rend au magasin, examine les denrées, et fait immédiatement, s'il y a lieu, toutes les démarches nécessaires auprès du Sous-Intendant ou du Commandant de la place. A défaut de Major, ces démarches sont faites directement par le Capitaine.

En campagne, le Capitaine fait ces démarches auprès du Général, du Chef d'Etat-Major, du Sous-Intendant, ou des autorités locales.

COMMISSION DE VÉRIFICATION

Quand il est nécessaire, le Sous-Intendant fait procéder à la reconnaissance des denrées par une Commission composée ainsi qu'il suit :

Pour le pain et les vivres de campagne :

Un officier de troupe du corps auquel les denrées sont destinées.

Un médecin militaire, et, à défaut, un médecin cividésigné par l'autorité civile.

Une personne choisie par le Sous-Intendant sur une liste d'habitants notables et idoines, désignés par l'autorité municipale ou par le fonctionnaire qui la supplée, et une autre choisie par l'entrepreneur.

La Commission procède sous la direction du Sous-Intendant.

En station et en route, s'il n'est pas possible de réunir tous les membres sus-indiqués, la Commission n'en est pas moins convoquée : elle opère alors au nombre des membres présents.

L'intervention de la Commission est purement consultative; la décision que prend le Sous-Intendant, bien que contraire à l'avis de la Commission, est sans appel et doit être exécutée sur-le-champ.

Il est dressé procès-verbal de la séance.

DISTRIBUTIONS EN ROUTE

Elles s'effectuent sur la présentation des mandats délivrés à l'avance par le Sous-Intendant militaire, visés à l'arrivée par le maire du lieu, ou par le Sous-Intendant, s'il y en a un dans la place, et quittancés par le Commandant du corps ou du détachement.

Les distributions de pain se font dans le gîte où la troupe doit coucher, pour le jour de l'arrivée, ou pour deux jours, lorsqu'elle doit séjourner.

Si, pour se rendre dans les communes désignées comme gîtes auxiliaires, les troupes ne doivent pas passer dans le gîte principal, les officiers d'administration comptables ou les entrepreneurs fournissent les voitures pour le transport des rations. Dans ce cas, des Sous-Officiers sont envoyés au gîte d'étape pour les recevoir, et les frais de transport sont à la charge de l'État.

Lorsque les troupes sont logées ou cantonnées dans un rayon distant du magasin de plus de 2 kilomètres, elles ont droit au transport de leurs vivres; mais la distribution se fait toujours préalablement, et en totalité, au gîte d'étape, comme il est dit ci-dessus.

DISTRIBUTIONS DES DENRÉES
DE L'ORDINAIRE

Les distributions des denrées et des objets qui sont à la charge des ordinaires, sont assurées dans chaque régiment ou bataillon formant corps par les soins d'une Commission nommée par le Chef de corps et composée de : — Un Chef de bataillon, Président. — Quatre Capitaines de compagnie, Membres. — Les Chefs de bataillons sont appelés à la présidence successivement, par rang d'ancienneté. — Les membres sont pris à tour de rôle, d'après l'ordre des compagnies.

Dans les bataillons formant corps ainsi que dans toutes les portions de corps détachées : — 1° L'Officier Commandant ne remplit jamais les fonctions de Président.— 2° Trois Officiers, le Président compris, peuvent constituer la Commission. — 3° Il n'est pas formé de Commission lorsque, en dehors du commandant, il n'y a pas trois officiers pour la composer ; les achats restent alors confiés aux ordinaires. (Voir, en ce cas, les articles 70, 89 et 147 de l'Ordonn. du 2 novembre 1833.)

Les livraisons et distributions des denrées et objets de l'ordinaire sont faites en présence d'un membre de la Commission, délégué, à cet effet, chaque semaine par le Président. — A moins d'impossibilité, les livraisons et distributions doivent être faites à la caserne, dans des locaux appropriés à cet usage.

Les animaux de boucherie doivent être apportés à la caserne entiers ou séparés seulement par quartiers; dans ce dernier cas les issues en auront été enlevées; les graisses à retirer sont extraites lors du dépècement.

Dans les villes qui possèdent un abattoir, les animaux doivent porter l'estampille de cet établissement.

Les Officiers de distribution doivent prendre connaissance des différents marchés passés par la Commission pour se bien remémorer les conditions que sont tenues de présenter les fournitures qu'ils ont à recevoir, etc.

En cas de contestation, et si le fournisseur refuse de remplacer immédiatement les denrées non acceptées, l'Officier de distribution en réfère de suite à la Commission qui, suivant le cas, porte plainte au Sous-Intendant, ou fait acheter, au compte du fournisseur, les denrées nécessaires.

DONNÉES POUR AIDER A REMPLIR LES TABLEAUX CI-APRÈS

1er CORPS D'ARMÉE

Département du Nord — **Place de Dunkerque**

Nom et adresse de l'entrepreneur chargé de la fourniture de la viande :

M. DUPONCHELLE-LAVALLÉE, BOUCHER, QUAI JEAN-BART, N° 20.

DURÉE DU MARCHÉ : *Du 1er juillet au 31 décembre* 1873.

				Observations.
Espèces de viandes qu'est tenu de livrer le fournisseur, d'après le cahier des charges.	BOEUF.	VACHE.	MOUTON.	Le prix de la ration de viande (300 gramm.) est de 26 cent. Les distributions ont lieu à la caserne, tous les jours à quatre heures.
Proportions dans lesquelles chaque espèce de viande doit être fournie.	2/6	3/6	1/6	
Morceaux qui ne doivent pas entrer dans les distributions.	La tête (à l'exception des bajoues); la rate, les poumons, les pieds, les suifs.	La tête, la rate, les poumons, les pieds, les mamelles, les suifs.	Le cœur, le foie, la rate et les poumons.	
Morceaux que le fournisseur a le droit de retirer des distributions.	Filet, aloyau, langue, rognons.	»	Filet, rognons.	
Conditions essentielles que doivent présenter les animaux mis en distribution.	Être abattus depuis 12 heures au moins; porter l'estampille de l'abattoir.			

ᵉ CORPS D'ARMÉE

Département d **Place d**

Nom et adresse de l'entrepreneur de chauffage :

	BOIS	HOUILLE ou CHARBON	FAGOTS D'ALLUMAGE
Essence des combustibles qu'est tenu de livrer l'entrepreneur.	Chêne et Hêtre.	*Ou* gros charbon et menus débris.	Sarments.
Proportions dans lesquelles chaque combustible doit entrer dans les distributions.	Chêne 3/4 Hêtre 1/4.	*Ou* gros charbon 2/3 Débris 1/3.	Totalité.
Matières qui ne doivent pas entrer dans les distributions.	Racines, Mousse, Souches, Debris.	Poussier.	Feuilles.
OBSERVATIONS.			

ᵉ CORPS D'ARMÉE

Département d **Place d**

Nom et adresse du boulanger :

	PAIN DE TABLE	PAIN DE SOUPE
Essence de la farine qui doit servir à la confection du pain.	Farine de blé dur.	Farine de blé tendre.
Temps depuis lequel le pain doit avoir été retiré du four au moment de la distribution.	16 heures au moins.	24 heures au moins.
OBSERVATIONS.		Doit être plus cuit que le pain de table.

CORPS D'ARMÉE

Département d **Place d**

Nom et adresse de l'entrepreneur chargé de la fourniture de la viande :

Durée du Marché :

					Observations.
Espèces de viandes qu'est tenu de livrer le fournisseur, d'après le cahier des charges.					
Proportions dans lesquelles chaque espèce de viande doit être fournie.					
Morceaux qui ne doivent pas entrer dans les distributions.					
Morceaux que le fournisseur a le droit de retirer des distributions.					
Conditions essentielles que doivent présenter les animaux mis en distribution.					

ᵉ CORPS D'ARMÉE

Département d **Place d**

Nom et adresse de l'entrepreneur de chauffage :

	BOIS	HOUILLE ou CHARBON	FAGOTS D'ALLUMAGE
Essence des combustibles qu'est tenu de livrer l'entrepreneur.			
Proportions dans lesquelles chaque combustible doit entrer dans les distributions.			
Matières qui ne doivent pas entrer dans les distributions.			
OBSERVATIONS.			

ᵉ CORPS D'ARMÉE

Département d **Place d**

Nom et adresse du boulanger :

	PAIN DE TABLE	PAIN DE SOUPE
Essence de la farine qui doit servir à la confection du pain		
Temps depuis lequel le pain doit avoir été retiré du four au moment de la distribution.		
OBSERVATIONS.		

CORPS D'ARMÉE

Département d **Place d**

Nom et adresse de l'entrepreneur chargé de la fourniture de la viande :

DURÉE DU MARCHÉ :

					Observations.
Espèces de viandes qu'est tenu de livrer le fournisseur, d'après le cahier des charges.					
Proportions dans lesquelles chaque espèce de viande doit être fournie.					
Morceaux qui ne doivent pas entrer dans les distributions.					
Morceaux que le fournisseur a le droit de retirer des distributions.					
Conditions essentielles que doivent présenter les animaux mis en distribution.					

e CORPS D'ARMÉE

Département d **Place d**

Nom et adresse de l'entrepreneur de chauffage :

	BOIS	HOUILLE ou CHARBON	FAGOTS D'ALLUMAGE
Essence des combustibles qu'est tenu de livrer l'entrepreneur.			
Proportions dans lesquelles chaque combustible doit entrer dans les distributions.			
Matières qui ne doivent pas entrer dans les distributions.			
OBSERVATIONS.			

e CORPS D'ARMÉE

Département d **Place d**

Nom et adresse du boulanger :

	PAIN DE TABLE	PAIN DE SOUPE
Essence de la farine qui doit servir à la confection du pain.		
Temps depuis lequel le pain doit avoir été retiré du four au moment de la distribution.		
OBSERVATIONS.		

CORPS D'ARMÉE

Département d **Place d**

Nom et adresse de l'entrepreneur chargé de la fourniture de la viande :

Durée du Marché :

					Observations.
Espèces de viandes qu'est tenu de livrer le fournisseur, d'après le cahier des charges.					
Proportions dans lesquelles chaque espèce de viande doit être fournie.					
Morceaux qui ne doivent pas entrer dans les distributions.					
Morceaux que le fournisseur a le droit de retirer des distributions.					
Conditions essentielles que doivent présenter les animaux mis en distribution.					

e CORPS D'ARMÉE

Département d **Place d**

Nom et adresse de l'entrepreneur de chauffage :

	BOIS	HOUILLE ou CHARBON	FAGOTS D'ALLUMAGE
Essence des combustibles qu'est tenu de livrer l'entrepreneur.			
Proportions dans lesquelles chaque combustible doit entrer dans les distributions.			
Matières qui ne doivent pas entrer dans les distributions.			
OBSERVATIONS.			

e CORPS D'ARMÉE

Département d **Place d**

Nom et adresse du boulanger :

	PAIN DE TABLE	PAIN DE SOUPE
Essence de la farine qui doit servir à la confection du pain		
Temps depuis lequel le pain doit avoir été retiré du four au moment de la distribution.		
OBSERVATIONS.		

CORPS D'ARMÉE

Département d **Place d**

Nom et adresse de l'entrepreneur chargé de la fourniture de la viande :

DURÉE DU MARCHÉ :

					Observations.
Espèces de viandes qu'est tenu de livrer le fournisseur, d'après le cahier des charges.					
Proportions dans lesquelles chaque espèce de viande doit être fournie.					
Morceaux qui ne doivent pas entrer dans les distributions.					
Morceaux que le fournisseur a le droit de retirer des distributions.					
Conditions essentielles que doivent présenter les animaux mis en distribution.					

e CORPS D'ARMÉE

Département d **Place d**

Nom et adresse de l'entrepreneur de chauffage :

	BOIS	HOUILLE ou CHARBON	FAGOTS D'ALLUMAGE
Essence des combustibles qu'est tenu de livrer l'entrepreneur.			
Proportions dans lesquelles chaque combustible doit entrer dans les distributions.			
Matières qui ne doivent pas entrer dans les distributions.			
OBSERVATIONS.			

e CORPS D'ARMÉE

Département d **Place d**

Nom et adresse du boulanger :

	PAIN DE TABLE	PAIN DE SOUPE
Essence de la farine qui doit servir à la confection du pain.		
Temps depuis lequel le pain doit avoir été retiré du four au moment de la distribution.		
OBSERVATIONS.		

TABLE DES MATIÈRES

Paris. — Typographie de E. Plon et Cie, rue Garancière, 8

www.ingramcontent.com/pod-product-compliance
Ingram Content Group UK Ltd.
Pitfield, Milton Keynes, MK11 3LW, UK
UKHW022206190726
13855UKWH00004B/1643

9 782013 069328